50 mots pour apprendre le corps humain chez les petits

à propos de moi

Je m'appelle _______________

J'ai ___ ans 

Le surnom que mon papa et ma maman

me donne est _______________

Mon doudou s'appelle _______________

Me voici !

Apprendre les mots en s'amusant !

Grâce à ce livre, je vais apprendre à parler Mais pas seulement m'exprimer, je vais aussi m'amuser !

Le vocabulaire du Corps humain

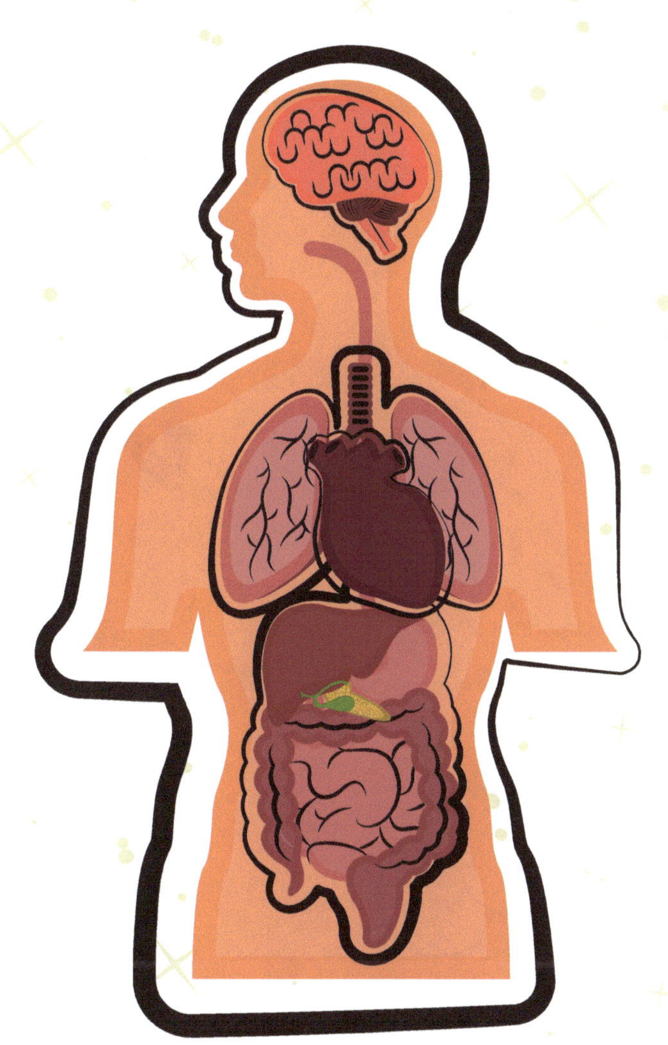

Tête

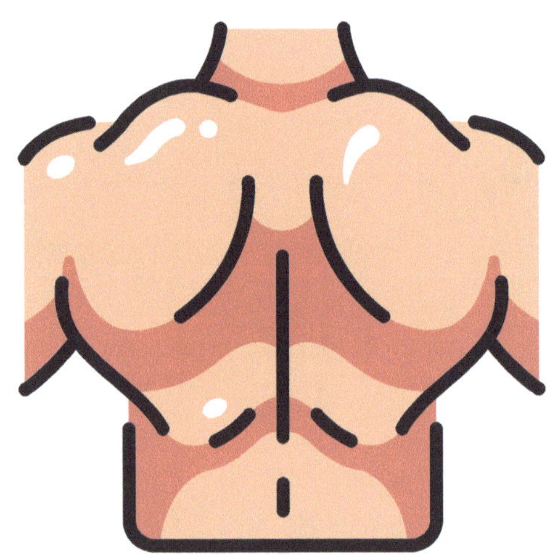

Dos

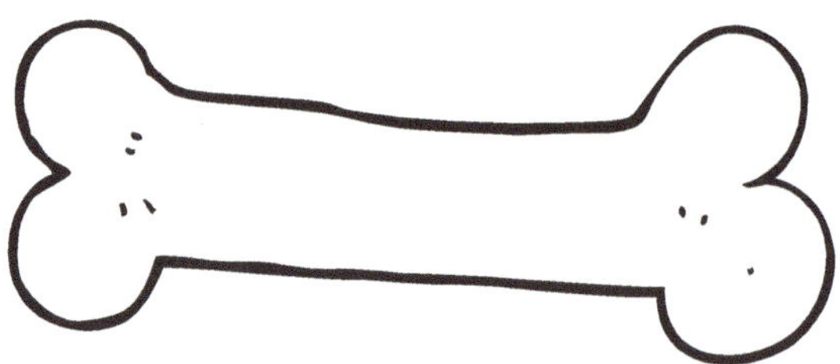

Os

Côte

Bras

Main

Doigt
Jambe
Pied

Genou

Visage

Lait

Sang

Eau

Cœur

  Œil (yeux)

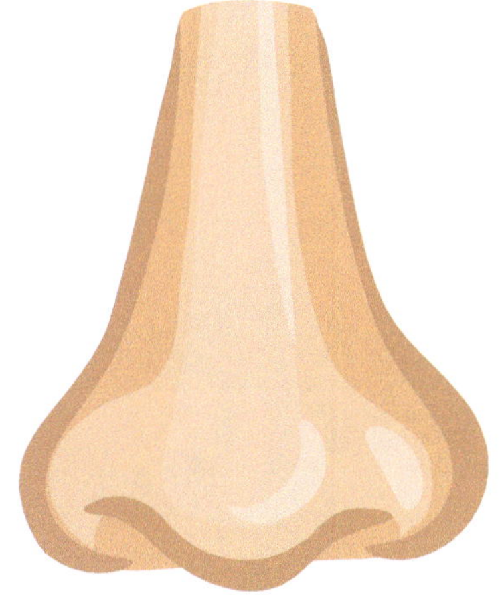 Nez

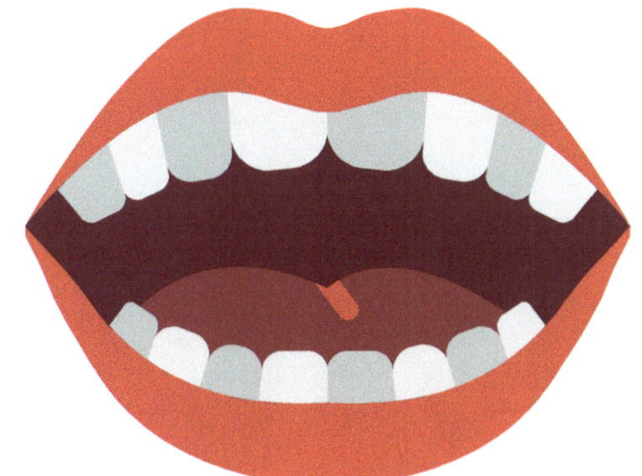 Bouche

Squelette

Coude

Cuisse

Larmes

Sourcil

Malade

Fièvre

Froid

Chèveux

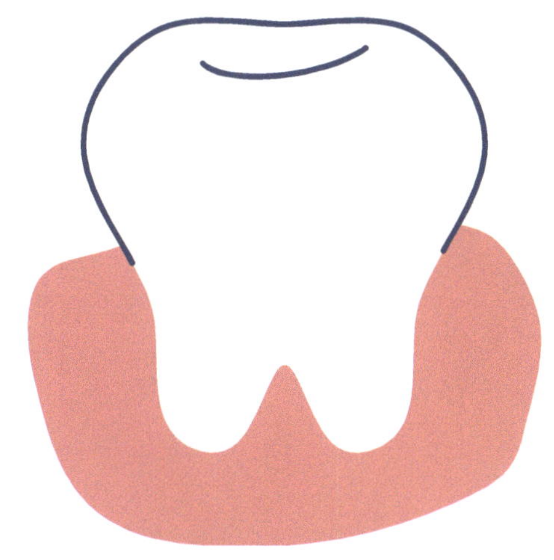

Dents

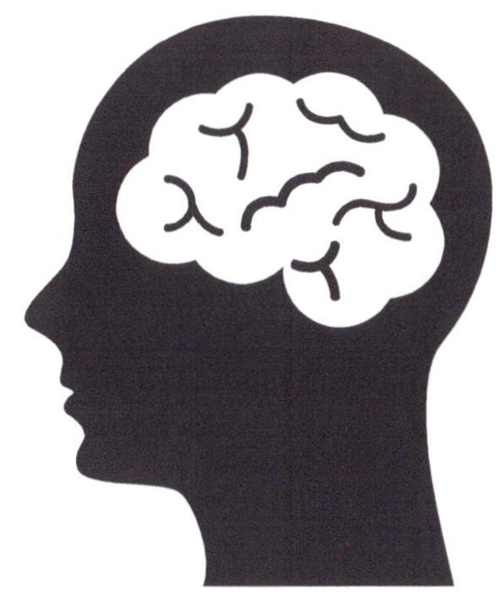

Cerveau

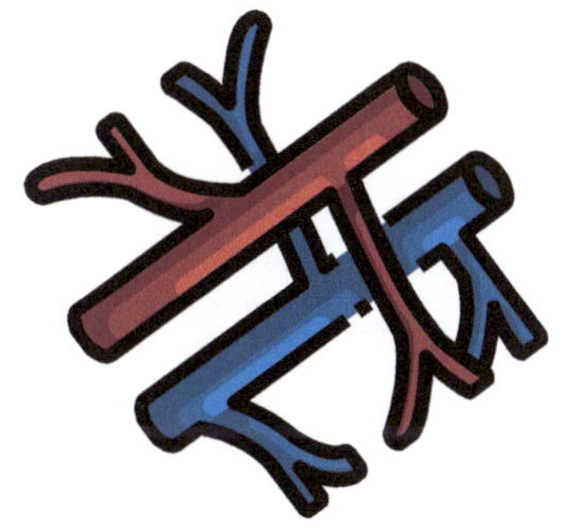

Veines

Rire

Pleurer

Manger

Dormir

Boire

Parler

Penser

Grandir

Regarder

Oreille

Pouce

Petit

Grand

Blond

Brun

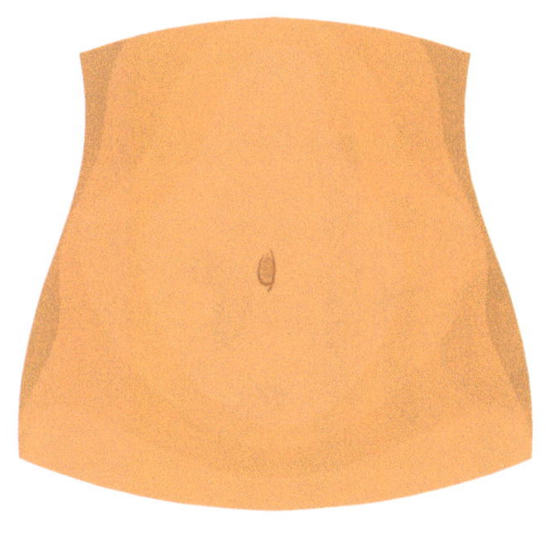

Ventre

Nombril

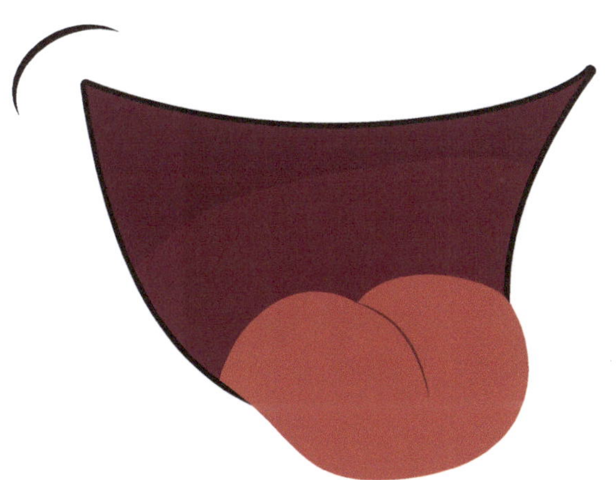

Langue

Poils

Muscle

Peau

Je dessine le corps humain :

Dans la même collection